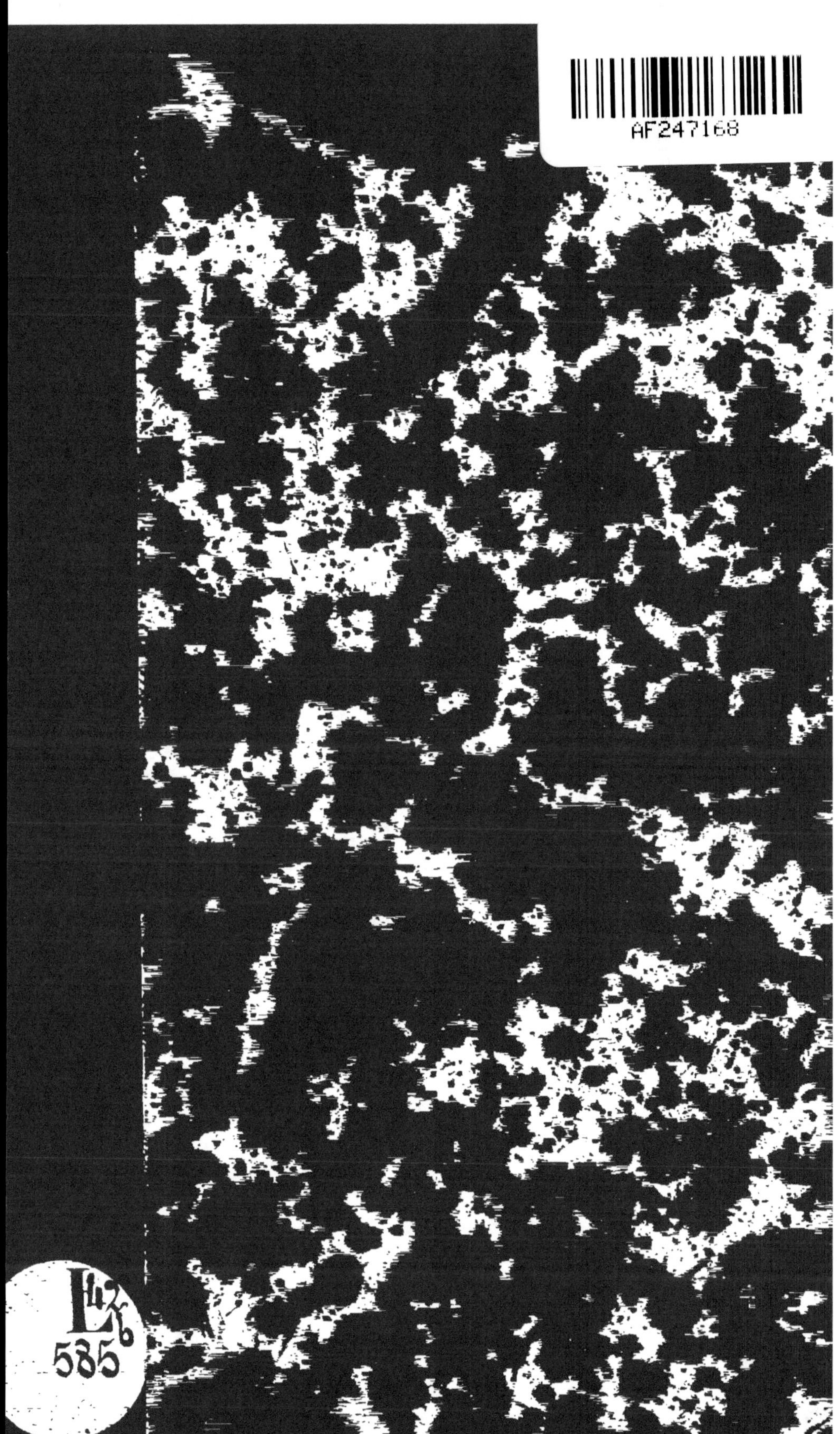

CHANT

D'UN BARDE

SUR LA

CONQUETE DE L'ÎLE DE MALTHE,

PAR LES FRANÇAIS,

Le 24 Prairial an VI de la République française,

Sous les ordres

DU GÉNÉRAL BUONAPARTE.

J'ai entendu les acclamations d'un Peuple libre; j'ai célébré, par mes chants, la gloire de ses héros et de ses défenseurs.

Par Théophile Mandar, *Professeur au collège de la Flêche, Auteur de plusieurs Ouvrages.*

ÉDITION, *revue.*

A PARIS,

Chez Desenne, Libraire, Palais-Égalité.

AN VIII.

AVERTISSEMENT

DE L'AUTEUR.

LE genre de poésie que j'ai choisi n'est, je l'avoue, ni dans nos mœurs, ni dans nos usages ; il est imité des poésies Erses et des poëtes Allemands ; il approche de celui de l'Écriture-sainte.

A quels chefs-d'œuvre peut-on comparer les poésies d'Isaïe et d'Ossian ? Je n'en connais point qui puissent être préférées à celles de Moyse et de David. Je respecte, j'honore ces écrivains sublimes qui, rivaux des Virgile et des Camoëns, ont transporté dans la langue française la majesté antique d'Homère, la magie sublime du Tasse, la hardiesse de Milton, la douce éloquence d'Isocrate, les foudres de Démosthènes, les graces inimitables de Sapho, et les transports pleins d'ivresse et d'enthousiasme de Pindare.

J'ai lu l'hymne au Soleil et le Temple de Gnide ; j'ai relu cent fois les poëtes Anglais et Allemands.

J'ai lu plus souvent encore les *Pseaumes* et la BIBLE.

J'aime à mêler mes chants à ces cantiques pleins de force, de graces et de simplicité, qui nous rendent présentes la joie et l'affliction, la crainte et la **vive** reconnaissance du peuple Hébreu.

Je m'égare avec ce peuple sur les bords du fleuve qui arrose Babylone ; je vois sa lyre suspendue aux saules ; je vois ses vierges entonnant le chant des regrets ; je vois ses vieillards le répétant tout bas ; je les vois encore essuyant, avec leurs cheveux blancs, les pleurs amers qui inondent leurs visages ridés par le chagrin, flétris par les années : je distingue à l'écart les jeunes époux ; ils évitent de se regarder, dans la crainte que la douleur qu'ils éprouvent en secret ne redouble et ne s'augmente encore.

D'autres fois, suivant les pas joyeux de ce peuple, je l'accompagne, mais avec quelle ivresse ! son exil a cessé ; il revoit les bords du Jourdain : que sa joie est vive ; quelle est grande ! c'est la joie de l'innocence, elle ne peut être bien sentie que par des ames pures.

J'admire Ossian, il est plein d'images ; Ossian est mon poëte.

J'aime Gessner, c'est mon ami ; je ne puis me lasser de le lire et de l'aimer. Klopstock est pour moi, ce que l'Appollon du Belvedère est pour nos sculpteurs : il est encore ce que la transfiguration de Raphaël sera, dans tous les siècles, pour les peintres et pour les connaisseurs.

Si nous voulons examiner quelles ont été les causes des succès étonnans obtenus par les Poëtes de l'antiquité, celles de la vénération qui leur était accordée, et encore celles de ces acclamatious dont les peuples couronnaient leurs ouvrages, n'oublions pas qu'il avait été institué des *Jeux olympiques* : avec quelle pompe, avec quelle solemnité les Grecs s'y rendaient de toutes les villes (*) !

Quand nous lisons, mot à mot, les vers si pleins de feu, de Pindare ; quand, semblables à un homme qui marche en boîtant, nous essayons de suivre, à l'aide de nos dictionnaires, le vol hardi, l'essor sublime du Poète Grec ; je le demande à nos savans, pouvons-nous bien juger de ses immortels chefs-d'œuvres ?

La pensée, qui est pour les Newton, les J. J. Rousseau, les S. Clarck, les Leibnitz, les Buffon, les La Grange et les Sieyes, semblable à l'Océan pacifique ; la pensée est, pour le grand poète, un fleuve tourbillonnant de lumière, de feux et d'éclairs ; c'est un ciel embrâsé ; c'est un cahos soumis à la puissance de la parole ; c'est une source inépuisable de vérités, de maximes et de sagesse : le poète semble lire toutes les pages du

---

(*) Dans ces jeux solemnels de la Grèce, les Poëtes et les Historiens donnaient lecture de leurs ouvrages. Ainsi Hérodote fixa l'admiration générale de ses contemporains. Ainsi ses neuf livres reçurent le nom de chacune des neuf Muses.

O Thucidide ! ce furent ces applaudissemens qui vous mirent la plume à la main, et qui vous rendirent vous-mêmes un écrivain immortel.

livre sacré des hautes pensées de la divinité ; il les annonce, il les proclame ; sa voix a la magnificence des images, a la pompe auguste, mais inimitable, des choses célestes ; sa voix acquiert encore je ne sais quel caractère de grandeur ; ce n'est plus un homme, c'est un Dieu appelant à lui toutes les merveilles de la nature, les co-ordonnant entre elles ; il s'assied sur les cieux, il foule à ses pieds les nuages, il a pour couronne les étoiles des sphères : on l'écoute, et c'est avec un respect mêlé de saisissement ; il commande aux nations, les nations et les rois obéissent à ses vers ; ses vers sont consacrés par l'assentiment universel, et deviennent comme autant de lignes d'un code de loix que l'on admire et que l'on accepte.

Le triomphe d'un grand poète est constamment le même, dans tous les temps, chez tous les peuples.

Si les Newton, les Leibnitz, les S. Clarck, les La Grange, les J. J. Rousseau, et les Sieyes, que j'ai comparés, sous le rapport de la profondeur et de la force de leurs pensées, à l'Océan pacifique, méritent qu'il leur soit accordé une succession de respects et d'hommages en considération des grands bienfaits qui sont résultés, pour tous les peuples, de la publication de leurs ouvrages ; le grand poète, tel que *Delisle*, sait toujours s'approprier toute cette opulence; elle se change, en passant sur ses livres, comme en un fleuve d'harmonie ; il charme, il entraine il enchante, il étonne ! on est ravi, on se croit associé à la puissance créatrice ; on partage en idée ses divins attributs.

Le grand Newton nous représente un Dieu qui se connaît, et qui se voit dans toute la plénitude de sa gloire, dans toute la lumière de sa splendeur, avec un divin sourire, plein de calme et de majesté tout ensemble ; tels sont encore les Pascal, les Bourdaloue, les Fénélon, les Bossuet, les Buffon, les Massillon, les Racine, les Milton, les Pope, les Dryden et leurs dignes émules !

Un grand Poète me représente un Dieu qui agit et qui parle ; sa parole est un chant majestueux, toujours sublime : il agit, et il agit en Dieu qui ordonne, à qui tout obéit.

Ceux qui trouveront le chant d'un Barde trop étendu, sont invités à relire l'ode de Haller sur les Alpes : ou bien un seul des chants de l'Iliade et de Milton.

Ce poéme a été composé avant l'affaire d'A-boukir (*).

Les lecteurs se rappelleront peut-être *le Génie des Siècles.* J'ai desiré que ce chant fût supérieur à cet ouvrage.

Il est dédié à nos héros, et très-particulièrement aux généraux *Buonaparte, Moreau, Lecourbe, Championnet, Massena, Brune, Desaix, Kléber*

____

(*) La première édition a paru en messidor an 6.

et *Macdonald* ; et encore à nos BRAVES FRÈRES D'ARMES, à ces intrépides soldats qui ont protégé ma patrie, et qui lui donneront le bonheur, la paix, l'égalité, et ces jours si prospères, toujours desirés, que l'on goûte sous le règne des lois et de la liberté.

On trouvera à la suite de ce Poéme, le Discours que j'ai prononcé dans la cathédrale à Langres, sur la Féte des Epoux, à l'invitation des Administrateurs municipaux de cette commune.

Je regrette de ne pouvoir offrir ici le Discours du Président de la municipalité de Langres : j'en conserve un souvenir plein de reconnaissance.

CHANT

D'UN BARDE,

SUR LA

CONQUÈTE DE L'ÎLE DE MALTHE.

O Jour de gloire, ô jour de prospérité! les palmes du triomphe, les lauriers de la victoire sont moissonnés par nos Français; regardez, admirez, admirez encore!

Ces palmes, ces lauriers, ils couvrent de leur ombre, ils protègent, et avec quelle puissance! ils protègent un gouvernement naissant!

Ces palmes du triomphe, ces lauriers de la victoire, ils protègent encore, ils font respecter les Conseils de la Grande-Nation.

Là siègent avec majesté, l'amour de la paix et le saint amour de la justice.

Là sont encore l'amour de la patrie, le respect pour les lois, et l'amour sacré de l'humanité.

Ouvrons nos cœurs aux sentimens les plus vifs de la plus grande admiration.

Que les ravissans transports de l'enthousiasme le plus pur élèvent nos pensées.

Vieillards, prêtez à mes accens une oreille attentive Vierges qui embellissez ce champêtre vallon, écoutez!

Tendres époux, amans fidèles, et vous aussi, jeunes enfans, suspendez vos jeux folâtres.

Je chante les Héros chers à la patrie ; je chante les exploits de nos Français !

BUONAPARTE, ton nom est un hymne à la gloire !

Que les noms de nos héros soient chéris , qu'ils soient éternels comme le règne de la justice , ils seront respectés à l'égal de l'innocence , de l'innocence et de la vertu.

I I.

Pyrennées immenses ! Alpes dont les sommets prolongés , inégaux et majestueux annoncent un Dieu créateur !

Appennins! dont la cîme glacée perce la sphère des cieux , et surpasse la hauteur du vol de l'aigle ;

De l'aigle qui salue le soleil , et qui , dans son vol audacieux , interroge les étoiles ; ce Roi des airs brave les vents , l'orage et le tonnerre ; il s'abreuve sans cesse aux sources de la vie dans les champs de l'immensité :

Envain le voyageur intrépide voudrait se reposer sur vos sommets, séjour des vents puissans , et des ouragans destructeurs des campagnes et des cités ;

Vos sommets inaccessibles sont l'asyle des tempêtes.

C'est de cette hauteur que les vents, prenant leur essor impétueux, s'élancent comme un vautour terrible;

Et, parcourant les vastes mers, ils bouleversent les vagues émues, ils dispersent les armées, ils détruisent les flottes et ruinent la puissance et tout l'orgueil de l'homme.

Vos sommets sont brillans et radieux, Pyrennées immenses : Alpes ! votre aspect est sublime !

Vos cimes sont surmontées d'étoiles scintillantes, Appennins qui portez les campagnes du ciel !

Monts de gloire et de majesté ! êtes-vous les colonnes éternelles de l'empire éthéré ?

Radieux sommets , cimes resplendissantes , nos Français ont gravi vos sites escarpés. Vous devintes le rendez-vous de la valeur , le trône de la gloire.

De là ils ont contemplé la magnificence de toute la nature ; ils ont admiré sa beauté ravissante ; à la vue de vos majestés éternelles, leur esprit s'est enivré de la joie la plus pure.

Ils ont salué le ciel , ils l'ont admiré dans toute la gloire de son immensité !

Bergères innocentes qui habitez les Alpes et qui menez paître vos brebis et leurs tendres agneaux sur ces côteaux sauvages, mais rians et fertiles ;

Vous cultivez les campagnes heureuses, vos cabanes sont çà et là, au milieu des forêts antiques.

Le voyageur les distingue à peine au milieu des rochers entre-coupés par des ravins , par des cascades, et semés de rocs arides , de vieux cédres et de pins élevés , agités par les vents.

Innocentes bergères , vous l'avez vu mon héros , vous avez admiré le héros de l'Italie , le pacificateur de ma patrie.

Dites quel courage bouillant embrâse son cœur ! vous connaissez le héros que je chante.

Le lait de vos chèvres, le lait de vos brebis, cette eau limpide, combien de fois, déposant son casque couronné de lauriers, il s'en est nourri et désaltéré au bruit harmonieux des accens de la victoire , et des chants du triomphe ?

Vous les connaissez, vous les avez vus, ses compagnons d'armes , ces héros généreux, admirés et chéris dans nos solemnités !

BUONAPARTE ! ton nom est un hymne à la gloire !

Ce ne sont plus les torrens et les lacs , ni les rochers escarpés de l'antique Helvétie , maintenant désolée, ni lepuissant Danube et l'Iser , ni le Necker profond , ni le Rhin impétueux ;

Ce ne sont plus le Pô ni l'Adige , le Leeck et l'Aar , ni la Lahn ni le Mincio, dont aujourd'hui j'interroge les Nimphes étonnées.

Fleuves profonds et majestueux ! nos Bardes, ces Mainistres éloquens de la parole d'un peuple libre, nos Bardes ont célébré le passage de vos ondes courroucées et rapides !

Ils ont chanté ces victoires éclatantes, immortelles, remportées sur vos bords magnifiques, par les enfans de la patrie , par nos héros.

Généreux Français! que vos noms soient chéris parmi les peuples , qu'ils soient à jamais respectés a l'égal de l'innocence , de l'innocence et de la vertu !

I I I.

Venez, vieillards ; venez, vierges ; approchez aussi, jeunes enfans ! vous qui aimez la gloire , et qui chérissez la puissance de la vertu, prêtez à mes accens une oreille attentive.

Ecoutez, admirez , admirez encore !

Un Dieu règne : il protége les peuples libres , il leur donne la sagesse, la puissauce, la majesté.

Ce Dieu dit aux esprits habitant les cieux, aux esprits qui l'adorent, et qui s'enivrent des flots de sa lumière :

Le dieu de majesté, regardant les génies de la gloire, dit : plaçons au sein des mers profondes un rocher ! là, sur ce rocher, la main de l'homme élevera une forteresse inexpugnable.

Ce sera une île habitée ; cette île sera abondante en animaux de toute espèce. Ses fruits délicieux, le miel de ses abeilles seront vantés parmi les peuples.

Son climat sera semblable au climat de l'heureuse Arabie !

Tant d'avantages réunis feront de cette île renommée, le rendez-vous des peuples dont les vaisseaux parcourent le vague de la mer, et vont se rendre jusque dans l'Océan oriental.

Les navigateurs cingleront dans ses ports ; ils s'y rendront de toutes les mers ; ils y seront à l'abri contre la fureur des vents déchaînés, ils s'y réfugieront au moment de la tempête.

Là, dans cette île heureuse et fortunée, tour-à-tour les rustiques travaux de la campagne, et ceux plus rudes, plus durs encore, de l'art des navigateurs, ces travaux multiplieront ses nombreux habitans.

Ils ne formeront entr'eux, ces insulaires intrépides, qu'une seule phalange.

Cette armée sera vantée dans l'univers ; les rois les plus puissans s'écrieront, en louant sa gloire méritée : *c'est la phalange invincible !*

Qui la commandera ? quels seront-ils, les héros, quels seront-ils, les vaillans, quels seront-ils, les chefs de ces soldats, de ces invincibles soldats ?

J'ai étendu mon bras sur les vaillans, chefs de ces invincibles soldats ; on les nommera, mais avec quel respect, avec quelle admiration ? les PREUX, les CHEVALIERS !

Voici : au jour de sa toute-puissance, écoutez : cette île sera triomphante des rois ! sa tète, élevée au milieu des mers profondes, dominera avec une immense majesté !

Orgueilleux conquérant ! tu es animé d'un fol orgueil ;

Tes armées, tes flottes tenteront vainement la conquète de ce rocher, de cette île inexpugnable.

Je vois les assiégeans ; sont-ils nombreux ?.... trois cent mille !

Pendant trois ans ils s'épuiseront en vains efforts ; trente mille des leurs ne reverront jamais l'heureux rivage, où dans une longue attente ils ont laissé leurs femmes, leurs vieux parens, et leurs enfans chéris.

Ce peuple connaîtra ma puissance : je chéris cette île, c'est ma bien aimée, je l'ai comblée de mes dons les plus précieux ;

Je l'ai voulu, je l'ai ordonné ! tout l'orgueil du croissant se brisera comme une vague ; il s'anéantira contre cette île : cette île est ma bien aimée !

Soliman ! ces insulaires courberont ton sceptre ; ils ordonneront aux Sultans de respecter leurs pavillons, ils en seront craints et obéis.

Les fortifications qui seront élevées pour la défense de cette île étonneront tous les peuples de la terre !

Que ne peut la constance, que ne peut la valeur, que ne peut la sagesse !

J'avais épuisé mes bienfaits pour la défense de ma bien aimée, de mon île chérie ; les Preux ajouteront encore à tant de rares avantages dont j'avais entouré ce rocher !

Les chevaliers ! ils en feront une ville forte, ce sera la citadelle imprenable.

Vauban, Cohorn, Follard, vanteront les travaux qui protégeront les rades superbes de ce rocher!

Ils admireront ces ouvrages dont LA VALLETTE, et les PREUX couronneront ses remparts magnifiques.

Je le veux : une armée de tempêtes formée de vents impétueux; le *Maëstro*, le *Siroco*, le *Ponant*, le *Levante*, le *Tramontane* (*).

Vents terribles, vents tout-puissants, vous croiserez vos orages.

Armée de vents ligués, armée de tempêtes-vivantes, vous protégerez ces remparts.

Vents-puissans, tempêtes, protégez mon île chérie, cette île est ma bien aimée. Je la regarde avec complaisance ; c'est mon île !

I V.

Quels sont ces gémissemens et ces cris de douleurs! qu'entends-je ? un chant de deuil, le cri du désespoir!

Le dieu de majesté a-t-il cessé de protéger les défenseurs intrépides de cette île puissante ?

Il les rassasia d'or et de triomphes ; il leur donna pour gage de son amour le sceptre de la victoire.

Les preux! les chevaliers! ils étaient les juges du courage, les *Princes* de la valeur, de la prudence et de la sagesse.

Qui pouvait égaler parmi les hommes, leur audace intrépide? ils lui devaient l'empire de la mer, le sceptre de la victoire.

______

(*) Ces vents règnent dans la mer Méditerranée.

On les voyait assis à la table des monarques, ils étaient admirés dans l'univers !

Les rois de l'Europe disaient, en montrant de la main ces vaillans chevaliers : ils peuvent tout ! ce sont les dieux de la guerre.

Les Généraux, les Officiers, chez tous les peuples, sont fiers sous leurs drapeaux.

Leurs drapeaux, regardez ! ils sont couronnés de palmes et de lauriers.

Peuples de l'univers ! vous nommez l'île de Malthe ; et vous dites : qui pourra jamais tenter cette conquête ? quels seront-ils, les vainqueurs de cette île puissante ?..

Dieu ! quels accens ! quels cris aigus !

Qu'entends-je ? ô douleur, s'écrient, d'une voix courroucée, ces preux, ces chevaliers superbes ; ô jour de deuil ! les Français ont paru, ils sont aimés, ils sont vainqueurs ! notre gloire est passée.

Semblables au Soleil, alors que, du haut des cieux, il embellit l'océan et les mers, il chasse les ténébres, il caresse de ses rayons brûlans et les lacs profonds et les sommets élevés des montagnes ; il vivifie les fleuves et les côteaux, il réjouit les collines.

Le Soleil ! il féconde les champs cultivés, les riantes campagnes : il embellit les cités : il appelle à la joie les prairies émaillées de fleurs odorantes, si variées et si belles.

Tels les libérateurs de cette île puissante, tels, avec non moins de majesté, ils paraissent !

Leurs vaisseaux sont commandés par le sage Bruyeis.

C'est Bruyeis, cet amiral écouté avec respect, admiré dans les conseils ; chéri des matelots, aimé d'un peuple libre, loué dans sa patrie !

Qu'ai-je

Qu'ai-je vu ?...quels sont-ils !...j'entends...j'admire...
je voudrais..... Est-ce un nuage ?

Plus majestueuse que le printemps, plus radieuse
que les astres, plus étendue que les cieux ;

Que les cieux, où bondissent les sphères, où nagent
les mondes ; ô la douce lumière !

J'entends...j'admire...je voudrais...l'airain a retenti,
c'est la trompette ! j'entends la harpe d'Ossian ; j'entends la lyre divine, j'assiste à l'assemblée des Bardes,
ils m'écoutent : les harpes immortelles redisent mes
paroles et répètent mes chants.

Une douce lumière m'environne ; les heureux habitans du temple de la gloire ont suspendu l'harmonie de leurs concerts ; ils entendent nos chants
guerriers et nos hymnes civiques.

Je vois parmi nos palmes, leurs palmes immortelles.

Ecoutez ; c'est la harpe d'Erin, c'est la voix d'Ossian,
j'entends les clairons et les flûtes, la trompette résonne,
multiplie les cris d'admiration, annonce l'allégresse.

Salut ! harpe d'Erin ! je reconnais le fils de Fingal.

Ossian ! sa voix est pleine d'harmonie ! Siècles anciens, où êtes-vous ?

Ils ont passé ; et, avec ces siècles mêlés d'ignorance,
de grandeur, d'obscurité, de puissance et de crimes ;
voyez ! c'est le monstre du fanatisme, il a disparu, il
était altéré du sang des hommes.

Voyez ! il fuit : sur ses pas ; sur ses pas, regardez ;
c'est l'ignorance aveugle, c'est le préjugé, père de tous
les crimes.

Le fanatisme ! il osait, il pouvait tout !

B

Ce rocher - citadelle, cette île toute-puissante ; le fanatisme en avait fait son asyle ; là était son empire, là étaient ses trésors.

Les chevaliers ! ils s'enivraient dans la coupe du monstre, ils vantaient sa puissance !

Siècles passés ! où êtes-vous ?

Qui vous a précipités de cette hauteur, où la puissance du Pontife de Rome vous avait élevés ?

Qui a brisé son sceptre ?

Il possédait, ce prêtre d'un dieu humble, il possédait le Trirègne. Les chevaliers étaient-ils obéis ?

L'or, le miel et l'encens, les diamans et les perles ; le présent, l'avenir, ces trésors de la terre et des cieux : prêtres et chevaliers, ils en étaient les seuls dispensateurs.

Ils disaient encore : un dieu règne dans les cieux ! nous seuls enseignons sa bonté ; nous seuls annonçons sa puissance ; nous sommes, ici bas, sa parole et son bras !

Jours du fanatisme, jours d'erreurs, jours de l'ignorance, vous n'êtes plus !

V.

Dis-nous, Bruyeis, à quels grands hommes, à quels héros le Directoire-Exécutif de la Grande-Nation ; le protecteur des peuples libres, a-t-il confié ces vaisseaux dont les capitaines savans sont soumis à tes ordres ?

L'Anglais voit nos vaisseaux et frémit (*) ; il voit notre escadre puissante !

(*) Nelson a assuré que s'il avait rencontré en pleine mer la flotte de Toulon, il n'aurait pas osé l'attaquer.

Tes voiles, Bruyeis, sont enflées d'un vent protecteur. La mer, les vents, les îles et la tempête obéissent
à tes lois.

Sage Amiral! réponds à mes accens.

Dis quels sont ces héros, quels sont ces hommes
puissans par leur génie, par leur sagesse profonde, qui
protègent tes pavillons?

Ils rangent sous tes loix, vents, mers, îles,
tempétes!

Peuples, prêtez encore une oreille attentive :
écoutez ce que dit l'amiral au Barde ravi, transporté
de la joie la plus pure.

L'amiral dit au Barde enivré d'enthousiasme : «salue
avec respect ces palmes couronnées! je t'invite à nos
fêtes, à nos chants de victoire.

» Vois le vainqueur d'Arcole et de Lodi, le héros de
l'Italie; vois Buonaparte, il est précédé de cent
triomphes.

» On voit, nous voyons resplendir sur son front la
lumière de la sagesse, la gloire de la vertu.

« Le calme est dans son cœur ; son bras lance la
foudre ; il a dompté les aigles de l'Empire ; il a brisé
leurs sceptres.

» Vois-tu ce cortège de grands hommes? ils sont les
boucliers de la Grande-Nation, ils proclament les droits
d'un peuple juste et libre.

» Qu'ils sont grands! ils sont vantés dans l'univers :
qu'ils sont illustres, les noms de ces grands hommes,
de ces héros!

» Leurs noms chéris rappellent les grands jours de
la victoire ; ils rappellent la solemnité de nos fêtes, la
majesté de nos triomphes, l'ivresse de notre joie!

« Leurs noms retentiront d'âge en âge; ils retentiront

sur la harpe et sur le cistre , ils seront chantés sur l'orgue harmonieux , sur la lyre divine.

« Le premier que nous voyons , c'est Lanne. La victoire le suit et l'admire.

» C'est Lanne ! dont l'épée a été plus terrible qu'un fleuve débordé.

» Un rayon de lumière m'environne ; j'entends sur la harpe d'Érin l'hymne de la victoire ; j'entends l'airain sonore ; la trompette résonne. Les Bardes à venir rediront nos transports , répéteront nos chants !

Quel est ce héros ? la sagesse brille sur son front !.. C'est Desaix !

Desaix , dont la valeur est éclairée par les conseils de l'expérience ; il a rompu les colonnes des armées coalisées ; il a dissipé leur ligue , et dompté leur orgueil.

Ecoutez encore , admirez encore ! je vois un général cher à la patrie , cher à la gloire : en lui sont rassemblés le héros et le sage , le citoyen et le grand-homme ! Kléber est son nom.

En le voyant, l'ennemi a dit : la veille d'un jour de combat : c'est Catinat ! un jour de bataille ; c'est un dieu tonnant ! après la victoire : c'est le plus tendre ami de l'humanité !

Kléber ! tu voudrais pouvoir redonner, avec l'amour de la paix , le bienfait de la vie , à tant d'hommes que le glaive de la guerre a moissonnés.

Accourez , écoutez encore , je vois, le Tancrède de l'armée ; Berthier, l'ami de Buonaparte ; ce général brille de ses propres vertus ; son nom est illustre dans l'univers, il est loué, il est chéri dans nos solemnités.

Je vous salue , palmiers superbes! vous protégez les favoris de la gloire et de la patrie; Murat, Andréossi, Cafarelli - Dufalga , Menou , Bessière, Dugna , Lanusse , le Sarmatte Zayonschek et Fugières.

Non loin de ces héros , de ces intrépides guerriers , j'apperçois Le Clerc , Almeyrus , Beillard et Regnier ;

Je reconnais encore Dommartin, Veaux, La Grange et Robin ; je salue avec ivresse Vial et Bon.

Nous chérissons , dit Bruyeis , à l'égal de ces héros , les favoris de Minerve , les bien-aimés de la patrie, les savans dont les écrits rendent éternels ces hauts - faits que la muse de l'histoire consacre à l'instruction des siècles. Leurs noms retentissent chéris dans les jours de triomphe.

L'Europe vous admire; les Français vous chérissent, Bertholet, Monge , Delille , émule de Linnée; Denou, Norden de la France , rival de Pocock; et vous , Dutertre , son ami ; Beauchamp , Savigny , Peyre et Girard!

Quel calme dans leur ame! leurs pieds touchent la terre ; leur tête est dans les cieux.

Qui pourrait oublier vos noms, Nouet, Méchain , toi , savant Geoffroi ? Consacrés par les âges , vos noms réjouissent les habitans de la mer et des îles.

Quel est ce général ? quelle modestie ! je veux l'admirer en silence: oui, je contemplerai la majesté de ses traits.

Intrépide Marmont! ton épée est plus redoutée que la flamme de l'incendie : tu l'as conquis, l'étendart de nos preux!

Baraguey d'Hilliers! frappe de tes regards les cordes de ma lyre : embrâse ma pensée de cet enthousiasme brûlant qui t'anime; couvre moi de ta gloire : je voudrais célébrer ton nom cher à la liberté , vanté dans ta patrie *!*

V I.

Ancien des Bardes , Ossian *!* inspire Théophile *!*

Il entend les accens mélodieux de la harpe d'Erin ; il applaudit à tes concerts , il répète tes vers.

Il s'enivre au torrent de ces sources divines où tu bois l'ambroisie , où croissent les lauriers.

Dicte au Barde enivré de ta gloire, plein du délicieux souvenir de tes chants , et qui chérit ta renommée ;

Inspire lui ces paroles de feu , ces pensées éternelles qui retentissent dans le présent, que les siècles répètent, que la postérité enseignera aux bardes à venir *!*

Ossian , Fingal , Oscar *!* toi Moyna *!* dont la beauté, dont les chastes attraits vivent aimés sur la harpe des bardes, et dans leurs chants guerriers ;

Bardes immortels *!* du palais resplendissant de l'Éternité, vous souriez à nos soldats ; vous voyez nos héros, nos Français ; vos hymnes, vos harpes, vos trompettes et vos lyres ont annoncé leur gloire, vos poétiques chants remplissent l'avenir du bruit de leurs exploits *!*

Fils de la gloire, ministres de la parole des peuples libres, combien de fois vous applaudites à leur audace, à leur intrépide courage *!*

Voix immortelles *!* ministres de la renommée, vous par qui les vertus et la gloire des héros sont révérées, et brillent éternelles dans les fastes des âges ;

Dignes rivaux de Pindare et d'Orphée *!* Émules du grand J. B. Rousseau ; Éternités Françaises *!* Poètes de ma patrie *!*

Chénier , superbe dans tes chants de triomphe ; audacieux Le Brun ! excellent, simple et modeste ami ,
Castel ! de cèdres couronné ; toi, mon poète ! Bonneville,
dont la lyre Isaïque a célébré l'Éternel et sa magnificence ; Rouget Delille , Alcée de ta patrie ;

Blin-*Orphanis*, Ricard, chantre des sphères ; émule de
Follard ; Dupont , chantre de la victoire ; *Shakespear-*
Ducis ; La Vallée , Le Mercier, peintre d'Agamemnon ;
Maisonneuve , brillant Parny , François (Neuchateau) ,
Théocrite des Vosges ; Laharpe, Théodore Desorgues ,
Ginguené , Legouvé , étonnaut Boisjolin , Fontanes ,
rival de Pope ; aimable Dumoustier ; enfans chéris des
doctes Sœurs , de l'amour et des graces ;

Et toi, Roi de la lyre et de la pensée, porte-sceptre
du très-haut, Virgile-Delisle, toi dont les vers pleins
d'harmonie , écoutés dans les palais des rois , admirés
parmi les sages, sont répétés par nos vieillards, et donnent
à la patrie un éclat qui t'appartient :

C'est à vous , voix puissantes , immortelles , qu'il
appartient de louer dignement la sagesse de nos héros,
de célébrer , de répéter leurs noms !

La splendeur de la vertu , un charme divin , héros
de ma patrie , s'attache à vos noms illustrés par la
valeur , agrandis par la victoire.

La renommée fait retentir sa trompette, écoutée sur
la terre, inconnue dans les cieux ; elle charme l'univers
du bruit de votre gloire.

Bardes immortels ! vos chants guerriers ont annoncé
la marche de nos héros ; vous les précédiez au son
mélodieux de la lyre et de la harpe.

Du palais éloigné des âges , du seuil des portes d'or
de l'éternité , vous étendez sur nos Français , vous
agitez du haut des cieux vos couronnes étoilées et

brillantes ; ces couronnes éternelles, je les vois rapprochées de leurs fronts radieux.

Vos harpes retentissent de nos chants de victoire, vos voix ravies annoncent aux habitans des cieux la splendeur de leur vie, vous chérissez leur gloire.

Une vive lumière m'environne. J'entends sur la harpe d'Ossian l'hymne de la victoire ; j'entends l'airain sonore : la trompette résonne.

Combattront-ils, les Preux ? verra-t-on leurs épées, verra-t-on leur valeur audacieuse, intrépide, résister aux héros de l'Italie, de l'Italie heureuse et libre par leurs exploits.

Les chevaliers ! combattront-ils les vainqueurs d'Arcole et de Lodi ? combattront-ils ces héros, vainqueurs au Danube et au Rhin ?

Qu'ils ont été brillans les siècles de votre gloire, chevaliers intrépides ! votre gloire, qu'elle était grande !

Siècles de la chevalerie, votre gloire a brillé : elle a lui comme les astres ! elle éclaira le monde !

Les Vaillans, les Preux ! qu'ils ont été brillans les jours de leur puissance, les siècles de leur gloire !

Siècles passés ! où êtes-vous ?

Peuples étonnés et ravis, vous nommez l'île de Malthe, et vous dites : quels seront-ils les vainqueurs de cette île puissante, et qui pourra jamais tenter cette conquête ?

Qui ? Les héros de la liberté !

Qui ? Ces hommes puissans à qui le Dieu très-haut a confié les destinées de tous les peuples qui aspirent à la liberté.

Lé peuple preux, les Malthais les chérissent, ils les

admirent, ils les appellent. Les Preux sont frères des Héros.

« Et, dit avec ivresse un vieillard vénérable, notre règne est passé. O sagesse des siècles! tu remets aux Français, tu donnes à des héros, ton île chérie, cette île qui triompha de l'orgueil du croissant.

Fière Malthe! rocher où la valeur intrépide, où les périls et les combats ont obtenu, pendant tant de siècles, des palmes et des couronnes;

Tu fus la cité favorite de la gloire et de la renommée; ton nom était magique; il créait les héros!

BUONAPARTE! et vous, héros vainqueurs au Danube et au Rhin: notre règne finit; votre règne commence.

Il brille à son aurore d'un éclat radieux et plein de majesté.

Écoutez un centénaire; sa voix prophétique doit retentir écoutée, respectée, au milieu de vos concerts magnifiques!

Ils m'écoutent, ils frémissent! les rois coalisés, de Sardaigne et de Naples; ils méditeront et mes paroles et vos victoires, les souverains trompés de la Russie, de l'Angleterre, et de la Germanie.

La voix de l'ami des hommes est, pour leur oreille, plus terrible que le bruit des vents, elle est plus étendue que le désert de la mer.

Ma voix s'élévera, au milieu des nations, elle éclairera comme un phare; elle éclatera.

Ma voix sera plus redoutée que la tempête et que l'orage qui menace les cités; que l'orage qui déracine sur les montagnes, les antiques forêts, ces fières protectrices des fleuves et des torrens.

Ma voix retentira, de cette île puissante, à travers les empires ; ma voix n'aura pour limites que des sceptres brisés, des trônes renversés, et des palais déserts.

Ecoutez mes paroles, vous, rois d'Angleterre, de Naples et de Sardaigne ! et toi, Czar insensé, regarde Suwarow, et baise ses lauriers.

Ses lauriers ? Yorck se les partage, et leur gloire est la même !

De quels prophétiques transports mon cœur est agité ! que de triomphes, que de défaites ; j'apperçois des cadavres, ils palpitent d'effroi, d'horreur, de désespoir !

Emmanuel, Ferdinand, Yorck, Suwarow ! vous redirez à la postérité les noms illustres des héros de la France, et des triomphateurs de cette île puissante !

Moreau, Lecourbe, Massena, Joubert, Championnet, Macdonald, Brune, triomphez, triomphez !

Vous avez vu ces rois endormis sur le trône ; que leur fuite est rapide !

Bruyeis !.... Aboukir !.... ô douleur !

L'Egypte, la Syrie, que de trophées, que de victoires !

BUONAPARTE, Desaix, Kléber, Marmont, Menou ! et vous ! héros, dont la colonne de Pompée, et dont les peuples de l'univers rediront les hauts-faits, et les travaux, et les périls ;

Le bruit de vos victoires effraie les monarques ; il ébranle leurs trônes ; ils étonne les peuples.

BUONAPARTE !.. Aboukir !.. ô triomphe, ô victoire !

Vous avez vu ces rois endormis sur le trône ? que leur chûte est terrible ! que leur fuite est rapide !

Accours, Nelson ; déployes tes voiles couronnées,

triómphantes , orgueilleuses ; Nelson , accours dans Naples , son roi t'appelle.

Ferdinand et sa cour , son sceptre et ses trésors , ses princes, ses ministres, te demandent un asyle ?

Charge sur tes vaisseaux la couronne ét le sceptre , le tyran et sa cour , les ministres perfides , Acton et ses flatteurs. Et toi , mer , entr'ouvre tes abîmes.

L'Egypte, la Syrie, que de trophées, que de victoires!

Aboukir ! ô douleur ! Aboukir ! ô triomphe !

Rochers de l'Helvétie , mers de la Hollande , vous dévorez ces phalanges , ces hordes sanguinaires que le nord a vomi , dans sa rage homicide!

Portes du temple de mémoire , ouvrez-vous ! Héros des temps anciens, accourez pour admirer , accourez pour applaudir !

Héros de la Grèce et de Rome , accourez pour admirer, accourez pour applaudir !

Aigles d'un peuple libre ! Moreau , Lecourbe , Massena, Joubert , Championet , Macdonald ;

Et toi , lion de la victoire et de la liberté , Brune ;

Non ! ce n'est pas l'épée qui brille dans vos mains , c'est l'éclair qui luit, c'est la foudre qui frappe.

Plus vîtes que les aigles , plus puissants que les lions, plus terribles que la tempête ,

Buonaparte, Moreau , Kléber , Lecourbe, Massena , Championnet , Macdonald , Brune !

Ils s'élancent par bonds , ils couvrent de leur bouclier , les héros qu'ils commandent ; leur épée est un rempart que respecte la guerre , que l'ennemi redoute.

Fuis, Suwarow ; Lecourbe , Massena , ont devoré l'espace :

Regarde près de toi ; ce bruit que tu entends, c'est le bruit de ta fuite !

Te voilà seul , errant de rochers en rochers !

Le Tyrol qui t'attend , va tresser ses roseaux , pour couronner ta tête.

Cours, vôle à Petersbourg ; réjouis Paul I. du récit magnifique de tes nouveaux triomphes.

La poussière qui vole au devant de tes pas , la poussière qui s'attache à tes sanglans lauriers , écoute Suwarow ! c'est ton armée en poudre !

Superbe Nelson ! Albercrombie, Knox , Chatam , et encore vous, Mitchell, Bridport, Jervis, accourez, hâtez-vous ; YORCK vous appelle : il vous supplie de protéger sa fuite.

Yorck ! reportes à Pitt son or et tes lauriers........

Et, dit encore le centenaire habitant de cette île chérie du dieu des cieux, en s'adressant toujours au héros de l'Italie et de l'Orient :

Je te vois, je t'admire , Aristide français, digne héritier des talens et des vertus des Miltiades et des Épaminondas ;

Tour à tour le rival d'Eugène , et de Montecucully , de Fabius, du grand Turenne : à ta voix , la victoire fugitive , incertaine , écoute , et obéit.

Le Mincio, le Necker, le Danube et le Rhin ; les Alpes retentissent du bruit de ta sagesse , de ta valeur intrépide , et toujours calme.

Ton nom vaut une armée ; ton épée est plus puissante que les eaux d'un grand fleuve , grossi par des torrens, effrayant , menaçant ses rives consternées.

Je te vois , je t'admire , digne rival de Villars, de Maurice ! tu consoles les peuples des malheurs de la guerre ; tu frappes et tu protèges. ...

J'entends des cris de joie , d'amour et de respect ; un sentiment brûlant te précède et t'annonce aux peuples rassurés ;

C'est MOREAU , dit le peuple ; salut à ses triomphes ! sa gloire est éternelle. Il t'a sauvée trois fois , brave armée d'Italie !

Charles le craint , l'admire et le respecte ; Suwarow ! il détruit tes trophées, efface tes triomphes.

Suwarow !.... Joubert !.... ô profonde douleur , ô douleur éternelle !

Moreau , Massena , Le Courbe, montrez à Paul I. le *Prince des victoires.*

Il traîne ses lauriers , aux pieds de la victoire et de la liberté !

Tu le sais, Buonaparte, les fruits si nombreux , si magnifiques , moissonnés par la victoire , appartiennent à la sagesse.

La sagesse ! seule elle protége les vainqueurs et leurs conquêtes.

Que les peuples te chérissent , moins encore pour ta valeur , qu'en considération de tes douces vertus !

Eh ! qui pourrait consoler tes enfans , ô ma patrie ! des calamités de la guerre ; si les vertus, si la gloire des héros n'étaient pas ce beaume qui guérit et qui fortifie les peuples languissans ?

Buonaparte ! n'ayes d'ami que ton cœur ; de guide, que ta conscience. Tu vois de tous côtés les fureurs de la guerre , et combien les lauriers nous ont coûté de larmes.

Buonaparte ! sois le héros de la bonté , de la justice ; sois toujours l'ami sage , éclairé, l'ami tendre de l'humanité et de la liberté !

Ah ! si pour mériter encore le surnom de grand-homme, il devait en coûter une seule larme à la justice et à l'humanité ;

Si, pour être applaudi par des peuples asservis et trompés, tu devais cueillir une seule des feuilles amères de l'arbre de la tyrannie ;

De cet arbre qui n'a pour fruits, que le crime et que l'ambition ;

Je le demande au roi des siècles, que jamais, à ce prix, Buonaparte ne soit un grand-homme !

Sceptre, splendeur des rois, palais, courtisans, couronnes, trônes élevés et magnifiques, objets brillans ! qu'êtes-vous dans la main des rois ? un songe, ou des hochets !

Buonaparte, ce rocher, ces remparts, cette ville puissante parleront de ta gloire et de ta renommée ».

Ainsi parla le vieillard, dont les cheveux blanchis par cent hivers, ombrageaient avec majesté le front calme et serein.

En silence, mais avec une joie mêlée de respect et d'amour, les Français l'écoutèrent ; ils applaudirent à ses prophétiques paroles.

Et, le peuple héros de cette île, triomphante des rois, remit à nos Français ces palmes immortelles, couronnées de lauriers, qui, pendant les âges de sa gloire et de ses triomphes, avaient été données pour prix à la valeur.

Il agita, avec un transport d'ivresse et d'enthousiasme, ces palmes magnifiques, et s'accompagnant du son de la trompette et des clairons, il dit aux Français :

L'Éternel vous protège, Dieu vous protège.

L'Éternel-Dieu vous protége ! tel est le cri d'allégresse qui retentit.

Il retentit de cette île puissante à Naples, à Turin, à Bysance et à Rome ; à Londres, à Petersbourg !

Dieu les protège, s'écrient, en dépouillant leurs fers rivés et pesans, les nombreux Musulmans (*), qui gémissaient sur ses bords dans un long esclavage ; Dieu les chérit ! Dieu les protège !

Dieu est grand ! Dieu est grand ! répètent encore ces Musulmans ravis : tu viens briser nos fers ! *Alla, Alla, Alla-Kérim!* Dieu te protège, Buonaparte !

Ecoutez : il tonne, il tonne, c'est le canon qui annonce la joie publique.

J'entends les accens de la victoire et les acclamations du peuple Français : ils accompagnent le chant des Bardes.

Regardez, admirez encore ! c'est le drapeau tricolor, il règne.

Il salue, il protège la Méditerranée, cette mer qui sourit à ses libérateurs.

Le drapeau tricolor annonce à ce peuple dominateur, il annonce aux Anglais ; il publie du haut de ce rocher le nouveau triomphe de mon héros, de Buonaparte ! il dit aux navigateurs étonnés, aux nochers réjouis ;

Il redit le nouveau triomphe de Buonaparte, et

---

* 4,5oo Turcs étaient esclaves à Malthe.

des héros, et des grands hommes, à qui la patrie a dit: soyez dignes de moi.

Il redit la victoire de nos soldats intrépides, des Français, de nos héros.

VICTOIRE, TRIOMPHE, VICTOIRE!

FIN du CHANT D'UN BARDE.

DISCOURS

DISCOURS

PRONONCÉ A LANGRES, LE 10 FLORÉAL DE L'AN VI,

POUR LA

FETE DES ÉPOUX.

En présence du Peuple assemblé dans la Cathédrale, et à l'invitation de ses respectables magistrats.

Par THÉOPHILE MANDAR.

HEUREUX l'homme qui met toute sa joie à rendre la mère de ses enfans la plus heureuse des femmes !

Heureux sont les enfans qui suçent, avec le lait maternel, l'amour de toutes les vertus !

Heureux le peuple qui honore la fidélité dans le mariage ! La sagesse des femmes est une source d'où découlent, pour la société, la paix et le contentement du cœur.

Quel bonheur, chers Concitoyens ; quelle félicité, quelle ivresse, peuvent être comparés à cette joie indicible et pure qui remplit, sans vuide et sans partage, le cœur des époux bien unis ? Leur maison est un temple où les peines et les chagrins de cette vie mortelle ne peuvent jamais trouver passage.

C

Union des époux, tu es sur la terre une image enchantée d'un bonheur sans limites !

Regardez ce vieillard ! comme son front se déride alors qu'il reçoit dans ses bras défaillans les enfans de ses enfans. L'hiver de la vie est pour lui semblable à une belle soirée d'été. S'il regarde autour de soi, tout ce qui l'environne redit à son cœur les jeux innocens de sa plus tendre enfance.

Pères de famille, que vous êtes heureux ! quand, par les magies de l'amour, vos cœurset vos sentimens sont si parfaitement d'accord, qu'il semble qu'une seule ame habite en vos deux cœurs !

La fidélité dans le mariage forme seule ce charme tout-puissant, qui a fait de l'union des époux un Paradis anticipé. De cette fidélité commune et réciproque, naissent des enfans sains et vigoureux, dont la conformation parfaite et admirable ajoute encore au bonheur d'être mère, et met à la vie le plus grand de tous les plaisirs.

D'où viennent ces maladies si aigües, si fréquentes, si cruelles ¡ sinon de la négligence des époux à respecter dans le mariage la fidélité conjugale ?

Il n'y a point de bonheur pour les méchans ¡ il n'y a pour eux ni paix, ni santé, ni félicité ¡

Le sage, celui qui vit sobrement, et qui est chaste et pur jusque dans les ravissemens d'une union remplie des plus douces délices : le sage seul est parfaitement heureux ¡

Il n'y a point de bonheur pour ces hommes qui

n'apportent dans le lit nuptial que les restes impurs d'une vie passée toute entière dans la paresse et dans l'oisiveté : à peine âgés de 25 ans, ces malheureux sont déja frappés de caducité.

Ceux-là sont inhabiles à être les ministres de la régénération, qui ne se présentent devant le magistrat qu'avec un cœur usé, une ame déja rassasiée et lassée de la vie.

Il n'y a point, il n'y aura jamais de bonheur pour le mari dissipateur ; il a semé ses richesses entre des épines ; il a jetté son or dans le torrent ; il moissonnera la faim et la nudité. Le désespoir s'est assis dans son cœur : il y règne.

Il n'y aura jamais de bonheur pour ces femmes qui ont déchiré le voile de la pudeur : l'injure leur servira de vêtement : elles seront rassasiées de honte et d'opprobre.

Mais il y a, il y aura à jamais, pour les époux, amans dans le mariage, fidèles dans le mariage, il y a pour ces époux mille sources de bonheur et de joie. Eux seuls sont parfaitement heureux.

Heureux époux ! votre félicité consiste toute entière dans le plus grand nombre de vos enfans. Votre bonheur fait la force des empires.

Ainsi, ô félicité qui n'excita jamais l'envie, ainsi, la patrie s'énorgueillit et ne devient toute-puissaute que par vous.

Et toi, sexe ravissant ! ame de la vie, source des plaisirs les plus purs, tu règnes sur nos cœurs. Nos respects et nos hommages forment tes trésors.

Avec toi, sexe enchanteur, nous traversons le

sentier de la vie, tu le jonches de fleurs. Nous sommes heureux, et toute notre joie, toute notre félicité sont dues à tes vertus, à tes charmes, à ta fécondité.

La République française respecte, chérit et honore les mères de famille ; elle voue amour et respect à leurs enfans : elle voue respect aux vieillards : elle honore la pudeur dans les jeunes citoyennes ; elle couronne de fleurs, elle applaudit à la fidélité conjugale.

Vive la Liberté ! Vive la République !

F I N.

De l'Imprimerie de POIGNÉE, rue Haute-Feuille, N.º 16.

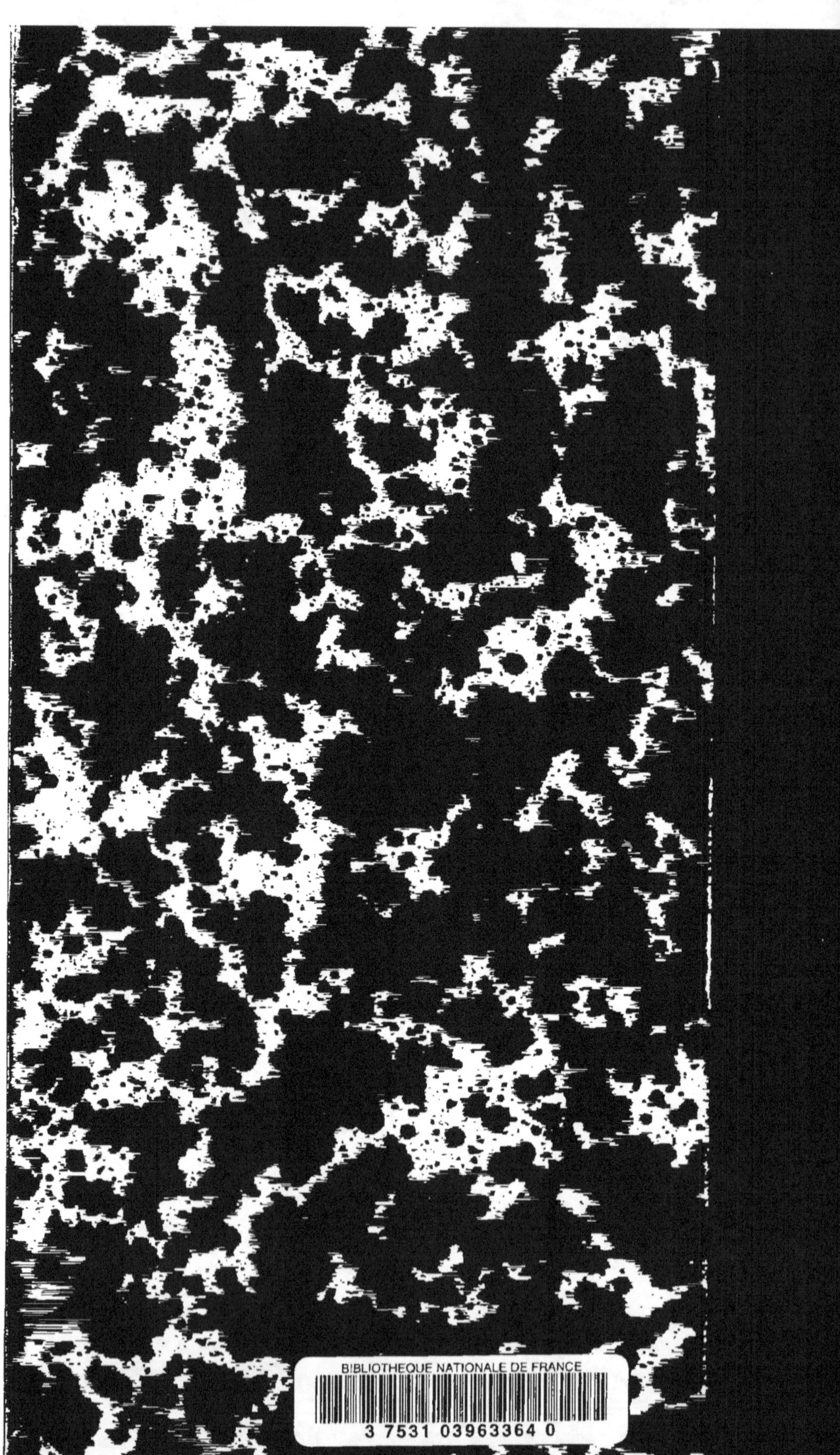